JN409210

갈맷길을 걸으며

국립중앙도서관 출판시도서목록(CIP)

갈맷길을 걸으며 : 김영우 시집 / 지은이: 김영우. -- 대전
: 오늘의문학사, 2014
p. ; cm. -- (문학사랑 시인선 ; 30)

ISBN 978-89-5669-608-9 03810 : ₩10000

한국 현대시[韓國 現代詩]

811.7-KDC5
895.715-DDC21 CIP2014009887

갈맷길을 걸으며

김영우 시집

오늘의문학사

‖ 머리말 ‖

60년 만에 맞이하는 올해는 청마(靑馬)의 해 갑오년(甲午年)이다.

특별히 나에게는 쌍칠년 희수(喜壽)이며, 결혼 50주년이기도 하다.

이러한 경사스러운 해에 '갈맷길을 걸으며'란 시집을 발간하게 되어 뜻깊은 마음으로 먼저 하느님께 감사를 드린다.

지난 2012년 12월에 첫 시집 '길 따라 물길을 따라'를 발간한 뒤 꾸준히 습작한 작품들을 모아 결혼 50주년 기념으로 두 번째 시집을 출판하게 되어 그림자 같은 나의 동반자(이성자 / 젬마)와 함께 삶의 흔적을 남긴다.

돌이켜보면 나는 죽을 고비를 두 번이나 넘겼다.

IMF로 반평생 금자탑을 쌓은 사업을 청산해야만 했던 체험과 흡착증으로 척추 수술을 받았고, 폐암 판정을 받아 한쪽 폐 반쪽을 잘라버린 대수술을 하였다. 이에 뒷받침이 된 생명의 동반자와 함께 불굴의 의지로 살아왔다.

오직 신앙을 바탕으로 살아가면서 종종 기적을 느낀다.

설악산 대청봉, 태백산 장군봉, 소백산 비로봉 등 각처의 산을 젬마와 손잡고 산행할 수 있는 기력이 있었기에 오늘도 시를 쓰고 하느님의 말씀에 귀 기울인다.

호랑이는 죽어서 가죽을 남기고, 시인은 바람이 스치는 소리에도 글을 쓴다.

비록 생활 속에서의 작은 일들이지만 남기고 싶은 마음이다. 부족한 표현이지만, 진솔한 마음으로 독자의 마음에 거울이 되기를 바란다.

모든 일에 항상 감사하며, 특히 문학사랑 리헌석 이사장님께 고마움을 전한다.

2014년 甲午年 3월,

포항 바닷가 솔밭 창가에서

제1부 포항운하

제2부 순교자의 삶

제3부 발자취를 찾아서

제4부 계절을 만나다

제5부 그리움

제6부 구월을 보내며

제7부 청마(靑馬)의 해

제1부

포항운하

동빈교는 말한다

굴착기 소리에 잠깬 동빈교
형산강 물줄기 트이길 기다린다

무역선 드나드는 동해바다도
유람선 물줄기 가를 때를 기다린다

송도 솔숲 솔향기 파도를 가를 때
동빈항 뱃길 트일 날을 기다린다

동빈교 가로등 위에 앉은 괭이 갈매기
사해로 흐른 악취에 슬픈 노래 부른다

동빈 내항에 정박한 고깃배 어부들
어망을 손질하며 출항준비에 바쁘다

오가는 님 말없이 맞이하는 동빈교
형산강 물줄기 흐르기만 고대한다

* 2013. 5. 1
* 동빈교 : 포항시 북구 송도내항, 다리

포항 운하

형산강 입구
해수욕장엔
추억과 낭만이 잠들어 있다.

송림 우거진 송도
꿈속 수평선을 보며
장미 꽃길
제방 둑을 걷는다.

포스코 굴뚝에 불꽃을 품고
송도 수문의 망치소리가
동빈항 운하 건설의
땀방울로 파도친다.

동빈교 아래
유람선이 오가고
맑은 물 흐르면
죽도시장 횟집에
손님맞이 바쁘다.

NLL 선도 없는 물줄기
사해가 된 동빈항
송도 수문 열리기만 기다린다.

* 2013. 6. 15. 열린포항 2013년 9월호

용담댐龍潭댐 배스

망향산 팔각정에 앉아
수몰된 태고정太古亭을 바라본다

수많은 애환이 잠든 곳
태고정 빈 자리에
배스가 살고 있네

주자천 십리계곡 흐르는 물
마이산 운장산 구봉산을 둘러
용담댐 역사를 이루었네

아름다운 호숫가 언덕 위 별장
실향민의 향수를 달래는 자리

잠잠한 호수에 낙조 이룰 때
수평선 가르는 낚시 끝에는
은빛 칠어가 줄줄이 올라오고

월척 한 마리 배스가 낚이니
긴~ 밤
나누는 술잔에 배스가 일미一味네

* 2013. 10. 1.

* 배스 : 1970년대 우리나라 식량 부족에 대비하여 수입된 민물고기

* 태고정 : 전북 진안군 용담면 용담호수에 수몰된 정자. 망향동산에 재건한 팔각정.

* 칠어 : '끄리'의 방언

지리산 여운

지리산 끝자락
작은 골짝 내 고향
천왕봉 정기로 태어난 백전
단풍이 지기 전에 찾아왔네

오도재 굽이굽이
제일관문 넘어서니
한양 길 넘나들던 청운의 꿈
지덕정知德亭 전망대에 여운만 남았네

지리산 열네 봉
한숨만 쌓였더니
이제 보니 첩첩산맥 국화꽃 향기
지리산 골짝마다 웃음소리 넘치네

* 2013. 10. 12.
* 백전(栢田) : 경남 함양군 백전면 소재지
* 지리산 14봉 : 하봉,중봉,천왕봉. 재석봉,장터목대피소, 연하봉,촛대봉,세석대피소,연신봉,칠선봉, 덕평봉,벽소림대피소,형제봉,반야봉

'혼불' 문학관

여인의 혼과 얼이 서린
노적봉 매안 마을
갈밭 실개천에
국화꽃 피었네

돌고 도는 물레방아
새암에 새긴 혼
청호晴湖에 푸른 물
역사를 이어 간다

종가의 종부 3대
남원 민속의 삶
최명희崔明姬 혼불
님의 속삭임 들린다

* 2013. 10. 12.

가을편지

가을바람이
몇 번이나 스쳐간 나뭇가지
잎새에 편지를 쓴다

멀리 떠나간 세월
아쉬웠던 꿈
뜬구름처럼 흘러간 시간들
낙엽에 편지를 쓴다

떠나는 열차에서
창가의 산과 들을 보며
멀어져가는 가을을 부른다

떠나면 돌아오고
가면 또 가는 시간 속
낙엽은 하나하나 떨어진다

수취인도 없이
우표을 붙일 일도 없는
가을편지
귀뚜라미 소리에 띄운다

* 2013. 10. 1. 문학사랑 2013년 겨울호

전민동 연가

즐겨 찾는 화봉산
뻐꾸기 노래 소리
어머님 상념에
산행 길 즐겁다.

갑천 둑 산책길
우뚝 선 한빛대교
들꽃 핀 언덕 아래
물오리 자유로워

지척에 십자가
찬미노래 흐르고
푸른 정원 새소리
가정마다 웃음소리

금잔디 연구단지
엑스포 아파트
별들이 모여 사는
과학의 중심도시.

* 2011. 9. 20. 전민동 집에서

파랑새

꿈 많은 새 하늘로 향한다
더 멀리 더 높게 파랑새는 난다
지절대며 떠나는 283명
새로운 세상을 찾아 떠난다

"빛나는 졸업장을 타신 언니께 꽃다발을 한 아름 선사합니다."
감동 넘치던 졸업식 노래
정든 교실 정든 사제지간 이별이 아쉬워
눈물 적시던 그 날이 어제 같은데
벌써 손자손녀가 초등학교 졸업생이 되었다.

우리 집 파랑새 세 마리
은수 요한, 은주 율리아, 막내 은지 아네스
엄마 아빠가 낳으시고
할머니가 학교 보내면서 뒷바라지하며 투정까지 받아주고
할아버지 자전거 앞 바구니에 실려
갑천 둑을 달리던 귀염둥이 막내 손녀

칠순이 넘은 할아버지 습작할 때면
손녀도 옆에 와서 "첫눈 내리는 날"이란 시를 써
벽에 붙이던 꿈나무

졸업 때의 꿈은 디자이너
졸업식에 현대식 노래를 부르는 꿈나무들
새로운 둥지를 찾아 파랑새는 꿈을 싣고 난다

* 2013. 2. 15. 전민초등학교 제19회 졸업식을 보며

열차는 달리고

몸 실은 고속열차
바람처럼 달리고
생각 없은 80년
뒤로만 달린다.

목탄차 달리던 신작로 시골길
흰 먼지 둘러쓰고 차 냄새 좋아서
뒤따라 달리던 길이 스친다.

소학교 앞 버드나무 자라던 시절
기차는 까맣고 크고 긴 차라고 했었지
목탄차 가던 길 기차가 달리고
기관열차 철로 위에는 번갯불 굴러간다.

열기로 달리던 칙칙폭폭 기관차
깜박 사이 사라지는 고속열차 KTX
별빛처럼 흘러간 인생길,
오늘도 내일도 열차는 달리는데.

* 2012. 9. 17. 문학사랑 2013년 가을호

휴가

은빛 잔잔한 호반
호수에 하늘이 내려앉은 곳
퍼핀스베이 리조트에 밤이 깊었다.

별빛 쏟아지는 호숫가
탁자에 앉은 일곱 식구가
바비큐 맛으로 여름밤을 즐긴다.

환상의 요람
북한강변 남이섬에
높은 산 푸른 하늘은
절정의 그림을 그리는데

푸른 그림에 점 하나
수상스키를 즐기는
손주들 물놀이에 여름이 가고
곡조 높은 매미소리 멀어져간다.

* 퍼핀스베이 리조트 : 가평군 설악면 청평호에 있는 호텔
* 2013. 8. 17~19. 대전문학 2013년 겨울호

역사의 흔적

기모노를 입고 나막신을 신고, 일본기생이 아장 아장 걸어 나올 것만 같은 거리 구룡포, 종로라고 부르던 좁은 골목에 남아있는 적산가옥 뼈아픈 역사의 흔적을 돌아본다.

2학년 때 천황을 모셔놓은 국민학교 정문에 서서 가미사마에 경례를 하고 학교로 들어가던 생각에 침묵이 흐른다. 선이 선명하고 창문이 많은 목조건물, 다다미 생활에 익숙한 일본인의 생활이 눈앞에 아른거린다.

피데기 오징어와 과메기며, 싱싱한 생선이 퍼덕이는 항구, 홍게 대게가 어슬렁거리고 비릿한 내음 풍기는 구룡포 선창가에는 오늘도 갈매기가 세월의 흔적을 전해주고 있다.

비록 치욕의 역사이지만 아름다운 연꽃은 흙탕에서 피어나듯 잊혀져 가는 흔적 속에서 오늘 이 자리에 내가 있다는 것은 기적이 아닐까. 지난해에는 '여명의 눈동자' 드라마가 촬영되었고, 이번에는 16채 가옥을 문화재로 등록하여 광광지 '재팬 타운'으로 개발 중이라 한다.

세월의 흐름에도 먹거리로 유명한 까꾸네 모리국수가 추억을 부른다. 김영식의 '모리국수'란 시가 눈길을 끈다. 〈나무젓가락 끝으로 두련두련 팔뚝 굵은 사내들이 딸려 나왔다./ 육십년 대 보리 고개 같은 어한기/ 내가 알지 못하는 시간의 페이지를 살던 아버지들과 그 아버지의 어로漁撈들과/ 간판도 없는 선술집 사십년 넘게 모리국수〉

배고파 먹던 그 시절의 꿀맛, 지금은 돼지 꿀꿀이 맛, 역사의 뒤안길에 남아 있다. 오늘도 시인의 상상 속에서 역사의 흔적을 찾아 모리국수 한 사발에 추억을 새긴다.

* 2013. 1. 4. 포항 "글맛" 문인들 나들이

유리잔

창가에 놓인 잔
바람 불까 두렵다.

식탁 위에 유리잔
친구 앞에 술잔

연인 사이에 와인 잔
뚝하면 깨어질 유리잔

지팡이에 맡긴 몸
백발노인의 발걸음

바람 앞에 등불
뚝하면 깨어질 유리잔

삶의 결정체
마셔도 또 채워지는

인생이 담긴 잔
툭하면 깨어질 유리잔.

* 2012. 9. 11. 문학사랑 2013년 가을호

칠십다섯 해의 날

기쁘게 사십시오, 항상 기쁘게 사십시오. 건강이 최고입니다. 언제나 건강하고 기쁘게 사십시오. 둘째인 요한의 간곡한 부탁이다.

오늘은 음력 9월 스무 이튿날, 하느님의 선물로 태어난 날이다. 대전의 첫째인 요아킴 축하전화, 포항의 둘째 요한이 자전거 선물, 부산의 셋째 비오가 금일봉 송금 전화, 부산의 넷째 펠릭스의 기도, 대전의 손녀 아네스의 문자 메시지, 오늘 나는 너무나 기쁘다.

파도 따라 철썩이는 북부 해수욕장, 새 자전거타고 끝까지 달렸다. 가족들의 축복 속에 건강을 주신 하느님의 고마움을 싣고 끝까지 달렸다. 하나 같이 존경과 효성으로 보살펴 주는 자손들, 특히 동반자 젬마에게 가슴깊이 고마움을 느낀다.

시골, 산간벽지에서 못 먹고 못 이루었던 시절, 힘없는 촌부의 아들로 태어나 그러나 여명 따라 어둠의 터널을 지나면서 제2의 인생을 살아가는 오늘, 프란치스칸으로 문학인으로 새로 태어나게 해주신 하느님께 다시 한 번 감사를 드리며 용기를 낸다.

살아있는 동안 아직도 꿈을 키운다. 수평선 넘어 끝까지 달릴 수 있는 힘이 있기에 도와주는 요한이가 있고 가족이 있기에 기쁘게 건강하게 참다운 모습으로 살아간다. 생을 마감하는 그날까지 하느님의 부르심을 기다리며 오늘도 한편의 글을 남기련다.

제2부

순교자의 삶

꽃 중의 꽃

침묵으로 말하고
향기로 말씀을 전하는
당신은 구원의 꽃입니다.

끝없이 사랑하고
끝없이 응답하는 신비로움
오관으로 느끼고
온 몸으로 감탄하는
당신은 천사의 웃음입니다.

사철 따라 고운 옷 입고
행복의 길로 인도하는
나의 동반자
꽃 중의 꽃
당신이 참으로 아름답습니다.

* 2013.7.31. 대전 가톨릭 문학회 제5회 시 낭송회 낭송작품

수철리水鐵里 공소에서

도고산 높은 철탑에
바람소리가 아침을 깨우는 곳,
이름 모를 새들이 지절거리고
산 능선을 휘감은 안개가 봄비를 뿌린다.

수철리 새터
몇 가구 안 되는 종착역 끝 마을
7시 30분에 버스가 빈차로 왔다간다.
주일을 지키는 교우촌 마을
옛 선조들의 기도소리가 공소에 가득하다.

공소예절 따라
신앙을 지키던 어머니의 모습이 떠오른다.
오늘같이 신부님이 오시는 날은
축복의 날이 되고 잔칫날이 된다.

붉은 벽돌집
프란치스코 작은형제회 기도의 집
긴 굴뚝에 흰 연기가 더욱 정겹다

들녘의 쑥 나물
배곯던 선조들 생명의 젖줄,
순교자들의 고향 신앙의 안식처
공소의 십자가가 역사를 이어 준다

내포의 성지
순교자들의 숨소리를 느껴
공소의 추억을 되돌아본다.
복음 말씀으로 새로움을 간직하며,

* 2013.4. 13~14. 대전 가톨릭 문학회 2013년 제20호

순교자의 삶

살아가는 것이 순교다.
자기 십자가를 지고
햇빛에 일어나고
별빛에 잠이 드는
삶의 원천이 순교다.

공산주의에 대적한 순교도
광야로 달려 나간 선구자
죽산의 순교 정신도
자기 자신을 죽이며 사는 것이 순교다.

베드로처럼 죽고
요한 같이 살고 죽어도
신앙인답게 살아온
베네딕도 16세 교황님은 순교자다.

교황성하 삶으로
순교신앙을 따라
하늘의 성인들과
순교자의 발자취를 따라 사는 게 순교다

* 2013. 3. 13. (사순절에 교황님의 퇴위를 보고)
* 대전 가톨릭 문학회 2013년제20호, 성거산 성지 시화전 출품.

야생화는 말한다

야생화는 말한다. 새봄이 오면 들꽃이 피기 시작하고, 이스라엘의 성지 예루살렘에서 순교자의 넋, 성거산 야생화로 피어난다. 순교자는 말한다, 사시사철 침묵으로 성거산은 말한다, 애환 어린 며느리의 밥풀 꽃, 고난의 상징 할미꽃이며, 하찮은 풀 한포기에도 신앙의 소재가 담긴 들꽃이 순교의 넋이 되어 말한다. 성거산 진달래는 말한다. 성모성월을 맞이하여 아홉 번째 맞이하는 들꽃의 향연이 성거산 성지에서 펼쳐진다, 대전 가톨릭 문학회 시화전, 천안 낭송 문학회, 천안 들꽃모임회, 스마트폰 야생화 전시회, 가톨릭 미술가 전시회, 한마당은 말한다.

하느님은 말씀 하신다. 당신의 모상이 복음을 전한다. 4,940종의 들꽃, 4백여 종의 원천이 한국의 뿌리, 1천여 종을 약재로 쓰게 하고, 6백여 종을 식용으로 주신 하느님의 선물에 야생화는 춤춘다. 침묵으로 말한다. 무명 순교자의 넋, 야생화는 말한다.

* 2013. 5. 4. 제9회 성거산 성지 야생화 전시회 출품작

갈매못 성지순례

순교자 후손답게
요셉회와 안나회는
님 찾아 순례의 길을 떠났다.

목마른 말(馬)이 물 먹던 갈매못
목마른 순례객, 신앙의 물이 되었다.
천혜의 오천항 내포의 성지
유인도 섬마을 무인도 등대 불
순교자의 넋이 쌓여 하늘을 비춘다.

500여 무명의 꽃,
그 이름 등대 되어 밝힌다.

불빛 따라 찾아온 교우들
오명관 베네딕도 신부님, 미사 강론에
"순교자의 삶에 항상 충만하십시오."
기도는 훈련이라는 말씀에 귀 기울이며

우리는 무엇을 보았는가?
우리의 마음에 무엇을 새겼는가?
십자가의 길을 걸으며

그리스도의 발자취를 따라
"노아의 방주" 만들어
오천항 바다에 띄운다.

들에는 황금빛
길가에 은행잎 가을노래
버스 안에는 기도소리 가득하고
순례의 길은 주님의 길
뜨거운 가슴에 순교정신 가득 담았다.

* 2012. 10. 23. 대전가톨릭 문학회 2013년 제20호

빨라진 당신의 손

당신의 손길이 빨라지는 까닭은
당신의 마음이 기뻐졌기 때문입니다.

당신의 마음이 기뻐진 까닭은
보답하는 마음을 가졌기 때문입니다.

십자수 성화 땀, 메우는 보람은
보답의 마음에 별이 반짝이기 때문입니다.

천사의 선물, 별이 뜨는 까닭은
당신의 마음이 하늘이기 때문입니다.

칠순 사순절 맞아 눈도 침침, 손도 어둔한데
인성人性이 천성天性이라
당신은 사랑의 등불을 밝히기 때문입니다.

손놀림 번갯불 축복의 손안에
십자수, 12종도 숨소리가 들립니다.

* 2013. 1. 13. (주님 세례축일부터) 젬마가 젬마자매를 위하여

백내장 수술을 보며

님이 주신 눈인데
세월에 퇴색하여
운무에 덮혔습니다.

십자수 메우고
님의 말씀 필독하느라
당신의 눈을
사랑하지 못 했습니다.

현란한 세상의 유혹도
아름다운 바다도
세속에 억매어
바라보지 못했습니다.

깨어 기다리는
다섯 처녀의 지혜답게
준비된 마음의 창 샛별같이
맑은 눈 갖게 하소서.

* 2011. 8. 24~9. 5. 성모병원에서

절정絶頂

지평선의 붉은 태양
낙조를 불러
편지 한 장을 띄운다.

진리는 님의 말씀
뿌리 깊은 생명수
마지막 외치던 그 절정

마지막 침묵
월계관의 영광
어머니 사랑의 인고,
언덕 위 별이 빛나는 부활.

* 2013. 4. 30. 성주간에

숨길

실바람 스며드는 가슴에서
숨소리를 듣는다.

강물 위 비늘바람에
은빛 물노래 춤추고
한 쌍의 물오리
물속을 드나들며 자유를 즐긴다.

바람에 흔들이는 풀잎처럼,
숨길이 차다.
산들바람에 노래하고
광풍에도 낙락장송처럼 살았는데
오늘의 바람은 나를 눕힌다.

길가 풀잎이 바람에 눕듯
발걸음 멈추고
숨길 트이는 동작,
천사 같은 나의 동반자,
손을 잡고 서있다.

* 2013, 6. 16. 폐암 수술 후 보름동안에. 시사문단 2013년 8월호

병상에서

폐 한쪽을 떼 냈다.
누구도 거역할 수 없는
당신의 명령은 어쩔 수 없다.

겸손하지 못한 나의 열정이
독선이 되고
욕심으로 남아
희수喜壽를 넘긴 지금도
앞서길 좋아했지만
마냥 달리긴 숨이 차다.

이제는 나의 한계,
비록 한쪽 허파로 살아갈지라도
저 푸른 하늘을 향하여
힘차게 비상하고 싶다.

* 2013. 5. 27. 서울삼성병원 폐암수술. 시사문단 2013년 8월호

바보들 나들이

웃음으로 만나서
웃음으로 끝맺는 날,
시험공부 말끔히 씻어 버리고
수료생 나들이 마냥 즐겁네.

영성학교 바보들
철부지에게 들어내 보이시는
님의 모습 따라
바보 같은 나들이 즐겁게 하네.

님 떠난 보물섬에
들꽃만 피어 있고
클로버 잎 따서 행운을 찾던 시절
바보들의 나들이 사랑으로 꽃이 피네.

추억을 심어놓은
강화도 갑돌 성지
님 따라 순교자 정신 따라
프란치스칸 바보는 즐겁기만 하네.

* 2004년 영성학교 졸업기념

추모 시

— 방윤석 베르나르도 신부님께

아직도 이별이란 슬픈가 봅니다.
꿈이라면, 깨어나면 그만인데
영영 만나지 못한 이별은
원망스럽고 고통스럽습니다.

애써 잡으려도 잡지 못한 인연이기에
이 세상 모든 것을 다 끊어버리시고
하늘나라와 인연을 맺으려고,
그 나라 법칙대로 사시려고 떠난 신부님,

하늘나라에서는 어떻게 사시려나요?
그곳에서도 만도린 독주회도 하고,
순교성지에 묘비도 세우고,
말씀의 전화로 복음도 전하시고,
평화의 방송으로 사랑을 나누시나요?

순교자의 후손으로 태어난 신부님!
사제서품 37년 동안
성체성사를 집전하시고 미사를 봉헌하신,
신비의 성사를 이젠 어디서 어떻게 하시렵니까?
세례성사도 병자성사도 선교활동도
누구에게 맡기고 떠나신단 말입니까?

신부님, 하늘나라는 어떻습니까?
평소에 하시던 모든 일을 다 그만두고
하늘나라에서는 무엇을 하시나요?
봄이 오면 꽃향기 나르고 시냇물 흐르는 소리에
만도린 치고, 노래 부르고 춤도 추시겠지요?

하느님 손잡고 또 무얼 설계 하시렵니까?
하늘과 땅 사이를 가로막은 벽을 허물고
천상의 삶으로 통합하게 하소서.
남북통일도 이 세상 모든 사람들도
한우리가 되어 하늘의 신부님과 함께 살게 하소서.

신부님께서 지으신 하얀 집에서
우리 가족은 푸른 꽃동산을 가꾸고 있습니다.
창작의 꽃씨를 뿌려 천상의 목소리를 듣고자 합니다.
하늘의 신비를 영감하게 하시어
온 세상에 님의 향기를 피우게 하소서.

낮과 밤이 없는 나라
성체성사도 말씀의 전례도
촛불도 필요 없는 나라

오직 하느님과 함께 사는 나라에서
영원하신 신부님을 중심으로
바람과 같이 아침이슬과 같이 살게 하소서.

* 2012. 8. 16. 방윤식 베르나르도 신부님의 선종을 추모하며

제3부

발자취를 찾아서

갓바위 산행 길

쏟아지는 햇살 폭염을 즐기며
하늘높이 솟아오른 갓바위 산행 길

자작나무 침엽수 군락지를 지나
산길 따라 곳곳에 피어난 나리 꽃

땀에 젖는 내 머리에 갓을 씌우고
우리는 두 손 모아 소원을 빈다.

태고의 신비로움 무속으로 간직한
갓바위 정상은 홍분의 광장이다.

대청봉에 올라

오색 약수터에서
돌계단 무지개 놓고
3십년 전에 만난 친구가 부른다.

산을 세워 놓은 듯
그 이름 설악산 과연 악嶽산이다.

태고로 이어온 정기 설악산 바위
장엄한 대청봉 정상에 올라서니
구름은 방석을 깔고
막걸리 한잔에 다람쥐가 모인다.

운무에 가린 동해며
중청봉, 중청대피소, 큰청
천불계곡, 화채봉, 공룡능선,
울산바위가 내 가슴에 안긴다.

감히 엄두도 못내는 대청봉
칠순 넘은 젬마와
5십대 아들 앞세우고
산행 아홉 시간 종주 기록을 남긴다.

낙엽 떨어져 살얼음 겨울 준비에
설악폭포 낙수소리 멀어져갈 때
설악산 대청봉에 도장을 찍고
이별이 아쉬워 흰 머리 날린다.

* 2013. 11.10. 76주년 생일 기념

천제단 앞에서

젬마와 손잡고 태백산 정상, 천제단 앞에 서서 하느님께 감사기도 올리는 오늘은 76주년 나의 생일입니다.

젬마와 손잡고 태백산 정상, 천제단 앞에 서서 하느님께 감사기도 올리는 오늘은 76주년 나의 생일입니다.

깊어가는 가을, 붉게 물드는 단풍같이 한 잎 낙엽이 되어 흙으로 돌아가는 날까지 회개와 보속으로 용서를 빌며 태백산 용정 샘에 오욕을 씻습니다.

지난해는 척추 수술, 올해는 폐암 대수술, 그러나 나의 끝자락은 저주가 아니라. 하느님의 축복임을 알았습니다.

촛불 하나 켜놓고 두 손을 모읍니다. 어머님 고맙습니다. 아버지 감사합니다. 이렇게 건강하게 낳아주시어 태백산 장군봉(1576m) 정상을 종주하게 하시다니요.

* 2013. 10. 27. 태백산 네 번째 산행

주왕산 산행

토요일, 온종일 비가 내린다. 그러나 계획된 산행, 노부모 모시고 병원장은 차를 달린다. 황금빛 논두렁 풍년소리, 꼬불꼬불 산길 따라 청송 달기약수터에 다다랐다.

약수 물 솟구치는 옹달샘 물맛, 2-3십년 전 추억이 용솟음친다. 약수 동동주 맛은 낙엽 소리에 깊어만 간다. 밤하늘 별들은 더더욱 맑고 마당의 단풍잎도 고와라.

먼동이 트면서 하늘이 밝았다. 대전사大典寺 사찰 입구, 단풍잎보다 많은 인파, 물길 따라 추억 따라 산행을 시작했다. 급수대汲水臺, 시루봉 바위의 위엄, 학소다리 건너 제1폭포에서 발길이 멈췄다. 카메라 앞에선 포즈도 아름다워라.

깔딱 고개를 지나 주왕산 정상에 올랐다. 우리 부부가 제일 좌상인가 싶다. 항일 위병 기념공원에 들렀다. 의병 1.927명의 위패를 모신 청송 지역 성지, 나 또한 독립유공자의 후손으로서 위패 앞에 향을 올리고 경배 드렸다.

* 2012. 10. 27/8.

소백산

손에 잡힐 듯 하늘이 가까웠다.
비로봉 능선이 너무 편안하다.

연화봉 천문대를 내려다보고
묘적봉, 도솔봉, 국망봉, 신선봉, 형제봉.
소백산 동동주 한잔에 담아 마셨다.

선비의 고장 영주
풍기에는 인견, 인삼, 사과가 유명하다.
부석사浮石寺 배흘림 목조 기둥
전설에 선비화禪扉花는 소백산 단상

철쭉 천국 오월이 되면
다시 찾고 싶은 소백산

* 2013. 11. 24.
*부석사 : 경상북도 영주시 부석면 북지리에 소재한 사찰, 목조건물로 유명함
*배흘림 : 아래위에 보다 중간이 배가 부른 기둥
*선비화 : 의상대사가 중국에서 가져와 지팡이로 쓰다가 꽂아 놓은 것이 자라난 꽃

금오산을 오르며

곱게 물든 단풍잎이 손짓한다. 가을 하늘 아래서 울긋불긋 화장하고 고운 님 기다린다. 금오산金烏山에 입성하니 돌탑이 반기고 추억 새긴 편지가 발걸음에 속삭인다.

다혜폭포 낙수 물 마르고, 금오金烏는 어디 가고 까마귀 우는 소리만 추억에 쌓인다. 나무계단, 바위 타고 할딱 고개 오르니, 무거운 세상 마음 구름 따라 사라진다.

오르고 또 올라 바람 따라 올라가니 초생달이 걸려 있는 현월봉懸月峯 정상이다. 동국제일문東國第一門을 넘어 대통령 탄생지 무심한 세월 속에 금오산은 말이 없다

* 2012. 11. 4. 산행

비학산에서

4월의 끝자락, 들에는 민들레가 피었다. 산은 연둣빛으로 물들어 가는데 아직도 팔부 능선에는 눈바람이 차다.

비학산(762m), 학이 알을 품고 하늘을 나르듯, 학의 머리는 진달래가 피었다. 학의 날개는 잔설이 장식하는데, 나는 학을 타고 비학산을 오른다.

법광사지, 베일 속에 쌓인 역사, 525칸으로 창건했던 사찰, 신라 제26대 진평왕의 꿈, 화려했던 문화 속에 핀 꽃, 지금도 비학산 아래 잠들어 있다

산행에 지친 몸, 신광온천이 손짓한다. 비누보다 더 매끄러운 온천수가 세상 오욕을 씻어내는데, 학은 알을 품다가 하늘을 난다.

* 2013. 4. 21. 경북 포항시 북구 신광면 상습 2리.

운제산을 오르며

빗방울을 앞세운다.

운제산 가는 길
나무 우거진 가지마다
푸른 파도 치고
이마에 땀방울
빗물이 되어 맺힌다.

숨통 하나 버리고
산을 오른다.
숨소리 높아지고
물소리가 멀어진다.

운제산 정상의 운무
신선이 따로 없다.

* 2013. 7. 7. 운제산 산행에서

발자취를 찾아서

돌 산길에서
그림자를 밟는다.

어린 아들 업고
옛 친구와 발맞추어
즐겨 찾던 동래산성
오늘도 물소리는
그칠 줄 모른다.

춤추는 떡갈나무 잎
세월 가는 줄 모르는데
나는 흰 머리만 날린다.

세월이 흘러도
금정산 산신각은
고단봉을 지키고
범어사 소나무는
옛 얘기를 나눈다.

* 2013. 6. 30. 부산, 금정산 고단봉을 오르며

허심청

지친 마음
따뜻한 정 그리워
서리 내린 머리카락 날리며
허심청을 찾았다.

백학 날고
사슴이 노니는 매화꽃 벽화도
그때 그 모습
말없이 반겨주는 따스한 마음

어머니 품속인 양
애틋한 고향의 기억들
고단봉 산행 흘린 땀방울
허심청 온천수에 추억을 씻는다.

계룡산 손님

비가 오나 눈이 오나
절벽 위에 외로움을 감추고
계룡 팔경 종주 반기는 너.

남매탑 산불고개
굽이굽이 관음봉 넘어
동학사 계곡 따라 산행 길이 가볍다.

춘삼월 좋은 시절에
눈이 펄펄 내린다.
아직도 나뭇잎은 눈을 뜨지 않는데.

* 2011. 3. 24. 계룡 8경 종주

갈맷길을 걸으며

갈맷길 700리
금정산성 코스를 걸으며
부산항 둘레길에서 추억을 찾는다.

수십 년이 지난 지금
성지곡 수원지에 비친 내 모습
개구리 울음소리마저 사라졌다.

칠월의 불볕
낭만이 우거진 소나무 그늘 아래
남긴 발자국이 남문 산성을 지킨다.

원효봉 의상봉 정상에 올라
낙동강 바람에 땀을 씻고
빌딩숲 부산 전경을 조망한다.

동문 산성 역사 앞에서
동래 파전 동동주 한잔에
산을 찾던 옛 친구 술잔에 비친다.

* 2013. 7. 21. 부산 둘레길 금정산

강천산剛泉山을 찾아서

첫눈이 내린다. 아직 단풍은 고운 빛을 자랑하고 있는데 첫눈이 낙엽을 울린다. 휘날리던 첫눈은 맞선만 보이고 빗방울만 오락가락한다.

조용히 내리는 빗속을 따라 산행을 시작한다. 구장군 폭포를 지나 선녀골짝 지하 300m 암반수 식수대에서 생수를 마시며 요산요순樂山樂水한다.

십장생교十長生橋 건너 강천사剛泉寺 경내 모과나무가 우리를 반기고 오층석탑은 세월을 저만치 놓아두고, 그 자리를 지킨다.

단풍나무는 아직도 만추의 추억을 새기고 있는데, 산이 좋아 산을 찾는 우리들은 마냥 지는 단풍나무를 바라보며 애가 탄다.

* 2012. 11. 14.
* 모과나무(지방기념물 제97호)
* 호층석탑(지방 유형문화재 제92호)

향적봉에 올라

첩첩이 싸인 무주구천동
덕유산 향적봉을 찾아
하이얀 눈사람 되어
설천봉 팔각정에서 추억을 찾는다.

독수리 날개 달고
눈송이 바람에 입 맞추며
하늘을 날으는 스키선수들
동계 올림픽 금메달이 새롭다.

눈꽃 핀 향적봉 상고대
3.1절 누나의 귀걸이
독립 만세소리가 주목을 울린다.

* 2014. 3.1절에.

마이산馬耳山에서

하늘이 짝 지워준 분, 산에서
신비의 말씀에 귀를 기울인다

인간의 한恨을 쌓아올린 돌탑
정화수에 역 고드름 하늘로 치솟는다

한몸을 이룬 청실 배나무가지
은수사 북소리에 타포니 지형 이룬다

섬진강 발원지 굽이굽이 물길 따라
청마靑馬는 달린다, 꿈을 싣고 달린다

아! 신비의 영산 마이산에서
영원히 살고 싶다, 사랑의 화신으로.

* 타포니 : 벌집모양으로 폭 패인 산의 표면
* 2014. 3. 1

제4부

계절을 만나다

봄꽃 개화開花

파란 눈 파란 마음 파란 하늘에
다투어 피어나는 노란 개나리
꿀 벌레 모여들면 상춘객 나들이
개나리 뒤를 따라 벚꽃 활짝 웃는다.

소나무 가지마다 노래 소리 즐겁고
산 넘어 부는 바람 뭉게구름 웃음 짓네,
칠십 성상 발길 따라 오솔길에 피던 꽃
내 마음 빈자리에 사랑노래 가득하네,

꽃향기 없는 새봄 생각할 수 있을까,
벌 나비 꽃을 떠나 살아갈 수 있을까,
한세상 꿈을 품고 산들바람 따라서
오늘도 시심 속에 자유로운 봄나들이.

봄눈春雪

춘삼월 호시절에 찾아 온 백설공주
밤새워 창밖에 기다리고 있었네.

매화가지 마디마다 기도하는 웃음
사르르 아침 햇살 사랑노래 부르네.

먼 산 위에 펄펄 날리는 춘설
눈꽃 핀 송이송이 봄날을 손짓하네.

봄맞이

창문을 열고 보니
나뭇가지 백발인데
꽃 봉우리 품에 안고
사랑을 속삭이네.

한세상 미련마저
버리지 못하고
닫혀진 마음속에
눈송이 눈물짓네.

님은 오시는데
촛불 밝히지 못하고
개나리 꽃 한 송이
봄맞이 님 마중.

봄바람 따라

뜰 안에 살구꽃
산에는 진달래
길가엔 개나리 천국
꿀벌들 나들이 바쁘다.

열차를 타고 가며
차창을 내다보니
한 폭의 그림 속에
세월이 달린다.

오늘은 엑스포
내일은 동빈교 건너
한 폭의 그림 속에
세월이 흐른다.

* 2011. 4. 3. 대전에서 포항으로 가는 길에

찔레꽃 피었네

찔레꽃 피었네.
동구 밖 언덕에 찔레꽃 피었네.
맑은 하늘 흰 구름 머물던 그곳
어머니 얼굴이 하얗게 피었네.

어머니 뒤를 따라
보릿고개 감자밭 뒤적이던 시절,
냇물 툼벙이던 동무들 어디 가고
옛집 빈터에는 잡초만 무성하네.

찔레꽃 피는 오월,
붉게 핀 장미꽃 뒤 따라 피고
남쪽나라 해당화 꽃길
떠난 님이 그리워 고향노래 흐르네.

가을이 오면

가을이 오면 병을 치른다,
가을은 익어 가는데
마음은 비어 외로움만 쌓인다,
쫓기는 나뭇잎처럼
단조로운 세월이 가슴을 졸인다.

가을이 오면 전쟁을 치른다,
하늘은 높아만 가는데
추억의 몸부림은 그림자만 드리운다.
한 장 한 장 책 넘기는 소리가
낙엽 밟는 발자국 소리로 들린다.

가을에 서서
활짝 연 밖을 바라본다.
옷깃에 스며드는 바람,
가을은 바람난 여자의 마음 같다
마음이 설레어 어디론가 떠나게 한다.

* 문학사랑. 2013년 가을호

가을의 새벽녘

세상은 평화로운 침묵인데
갈바람에 잠 못 이룬 이 몸
벌써 추효秋曉를 맞이한다.

간간이 들리는 닭 우는 소리
가을바람을 깨우고
동해바다 여명이 걷히며
가로등 불빛은 하나 둘 꺼진다.

한평생 바라고 기다리던 꿈
홀로 선 허수아비 외로워 보이지만
황금물결 익어가는 가을

하룻밤 잠 못 이룬들,
새벽기도 한세상 즐겁고
창밖에 지저귀는 새소리가
더욱 즐겁다.

* 2012. 9. 21. 향수에 젖어서. 2013년 평화의사도 307호

초가을

지칠 줄 모르고 살아온 열정도
스산한 바람에 허리가 꺾인 듯
가을이 오면 통증을 느낀다.

한세상 넓다않고 열심히 달렸는데
고산도 마다않고 정상에 올랐는데
발목 잡은 세월이 무겁다.

죽어가는 세상 침묵으로 접어들고
생명을 잉태하는 끝자락의 시작
가을로 접어드는 한 폭의 그림.

가을 벼 익어서 고개를 숙이는데
나는 왜 허리에 통증을 느낄까?
산고의 고통이 시인의 기쁨일까?

* 2011. 9. 1. 서재에서

만추晩秋의 만남

샛별 같은 눈빛, 사마리아 여인의 만남이여, 창조자의 뜻이라면 하느님의 선악과요, 우리의 인연도 성모님의 은혜이다.

오랜 만에 만난 연인처럼 두런대며 나란히 거닐던 청송대 둘레길, 우거진 숲속 만추의 정적, 푸른 소나무 곧은 대나무들의 사연. 단풍나무 한 잎 한 잎에 편지를 쓴다.

오누이의 추억 어린 가을 노래는 곱게 물든 낙엽에 입맞추고 분수는 포말 되어 천사의 춤을 춘다. 우리의 만남도 해와 달과 같이 우애友愛있게 살라 한다. 우연이 아니기에, 필연이기에.

* 2012. 11. 6.

가랑잎

불 꺼진 가로등 아래
옹기종기 앉은 낙엽
사르르 사르르 꿈꼬대 하네.

무심한 바람소리에
잠깬 별들
가을밤은 깊어만 가는데

낙엽이 된 내 마음
가을바람에 실려
봄 나라로 떠나고 싶네.

인연

혼자 좋아서 찾아 왔다가
혼자 떠나는 여정
스치는 바람결 인연도
나를 잡지 않는다.

먼동이 트기 전
등대는 깜박이고
송도 여인상은
갈매기와 눈을 맞춘다.

동해에 떠오르는 태양
포스코 철강 높은 굴뚝
동빈항 송림 숲길에
푸른 추억을 남긴다.

언제 다시 올지 모르는 송도
누가 맺어준 인연인가,
바닷가 파도소리는
고운 여운으로 남아 있다.

* 2013. 8. 10. 포항 바닷가에서

연필 같은 사람

나는 오늘도 연필로 글을 쓴다. 학교에서 돌아온 4학년 손녀가 할아버지 지금 무엇을 쓰고 있는 거예요? 혹시 저(아네스)에 대한 글을 쓰고 있는 것은 아니겠지요? 나는 열심히 쓰고 있던 손을 멈추고 손녀에게 대답했다. 그래 사실 너의 예쁜 모습에 대한 시를 쓰고 있단다.

네가 언젠가 커서 할아버지와 같은 시인이 되려고 책상 앞에 앉아서 연필로 원고지에 무언가 또박또박 글을 쓰는 모습을 생각하면서 메타포를 만들고 있었단다. 시의 제목을 "연필 같은 사람" 이라고 너를 두고 붙여보았다. 나의 손녀가 시인이 되려면 연필 같은 사람이 되어야 한다고 생각하기 때문이다. 그래서 네게 다섯 가지 교훈을 권고 한다.

첫째, 네가 장차 커서 시인이 되려면 우선 연필로 쓰는 원고지에 습작을 할 때 할아버지의 모습을 떠올리고 하느님께 먼저 기도를 드린 다음에 글쓰기를 시작해라.

두 번째, 연필이 닳아 깎을 때가 있을 것이다. 시간에 지치고 생각이 떠오르지 않는 어려움이 닥쳐도 살을 깎는 고통을 이겨내면서 꾸준히 노력을 해야 한다.

세 번째, 연필에는 지우개가 달려 있다. 글자가 틀릴 때는 지우개로 지우듯이 항상 틀릴 때는 지울 수 있다. 언제나 낙심하지 말고 또 하고 또 쓰는 불굴의 의지를 길러야 한다.

네 번째, 연필은 중심에 있는 흑심이 자장 중요하다. 너는 앞으로 자라면서 외부의 유혹에 흔들리지 말고 항상 자신감을 마음 중심에 두고 시인의 꿈을 키워나가야 된다.

마지막 다섯 번째, 연필은 항상 흔적을 남긴다. 호랑이는 죽어 가죽을 남기고 사람은 죽어 무엇을 남길 것인가? 시인은 하느님의 말씀에 귀 기울이고 바람 스치는 소리에도 글을 쓴다. 시인은 이 생명 다하여 숨을 거두었어도 죽지 않는다. 글을 남겨놓으니까.

설악산 단풍은

설악산 단풍은 인파로부터 물든다. 단풍 구경 왔는지 산이 좋아 왔는지 길은 온통 주차장, 산은 온통 사람으로 가득하다.

작은나무 큰나무 젊은이 늙은이 물소리 새소리에 단풍이 든다. 울산바위도 그 자리, 대청봉도 그 자리인데, 이십년 전 그 나무는 내 마음같이 물들어 간다.

세월이 빠른지, 산행이 빨랐는지, 매스컴이 빨리 가는지, 내 마음에 먼저 단풍이 든다.

* 2012, 10, 13. 설악산에서. 문학사랑 2013년 가을호

제5부

그리움

그리움

바다가 섬을 안고 춤추는 마을
신선이 즐기던 선유도 선창가
고기잡이 돛단 배 한가롭다.

간간이 내리던 빗방울 바라보며
왕소금 전어구이 술잔에 정을 담던
그리운 선유도, 유람을 되새긴다.

멀리 있으면서 가까이 다가오는
수평선 너머 떠나간 흔적들
모래알 마음에 그리움이 남는다.

* 시사문단 2010년 5월호

해맞이

샛별이 흐르는 밤
달빛도 지기 전에
동해 파도는
여명을 몰아낸다.

계사년 첫날
북부 해맞이 공원에
부지런한 사람들이
일출에 희망을 건다.

새로운 시작으로
아침 7시 38분에 맞는
장미꽃 꿈이여

흑 뱀의 용트림인가,
장엄한 생명의 빛
창조자의 구원이여.

* 2013. 1. 1. 북부 해맞이 공원 : 포항 북부 해수욕장 뒤 높은 산

허무虛無

눈이 내린다,
한 잎 남은 가지에 눈이 쌓인다.

무거운 빗물
눈물 되어 살포시 흐른다,

기산하畿山河 언덕에도
저물어가는 세월
허무한 노래 부르면서
이별을 고하는 눈이 내린다.

흘러간 옛 얘기를 남기고
수다스런 까치소리가 멀어지는데
한 장 남은 달력에
눈만 쌓인다.

공간

눈이 따갑도록 TV 앞에서
세상 돌아가는 일에 얽매이다가
어지러운 머리 싸매고
집을 나섰다.

비 갠 오후
솔밭은 습도가 높으나
동해바람은 가슴을 녹인다.

하늘을 찌를 듯 솟은 솔밭에
허리가 굽은 나무
가지 부러진 나무
삶의 공간에서 조화를 이룬다.

잠시, 친교를 이루고
때로 머물다 가는 솔밭 중심에서
오늘도 너를 찾아
솔방울마다 추억을 매단다.

* 2012. 7. 11. 포항 송림공원에서

백암산 온천

백일홍 줄지어 반겨주는 백암산
마음은 산으로
몸은 온천으로
세상사 허욕을 씻는다.

연간 160만 명이 찾아왔던 백암온천, 세월은 흘러 남은 것은 백암산 뿐이다. 라돈(Rn)이 포함된 방사능 유황온천, 수질 좋아 찾아온 수많은 사람들. 무상한 세월은 흐르고 지금은 백일홍 맺힌 꽃봉오리만 외롭다.

백암산 정상에 잔설 쌓여 있고
봄이 오면 오려나
꽃이 피면 오려나.
아직도 백일홍은 좌선 중이다.

* 2013. 2. 17. 백암 산행에서

동해안 바닷가

해파리 냄새 바람을 깨우고
잔잔한 파도가 모래에 입을 맞춘다.
태양이 수평선 위에 떠오르기 전
송도 바닷가 하루가 시작된다.

평화를 상징하는 횃불 든 여신상,
맨하탄 번영을 느끼게 하고
바다를 지키는 용감한 여신상,
우뚝 선 코스코의 역사를 반추하네,.

동해도 그대로 오늘도 그대로
파도소리 바람소리 손을 빌려서
갈매기 나래 위에 시 한편 띄워
사랑하는 내 님께 보내고 싶네.

* 2012, 8, 23. 포항에서, 노래가사 형식으로

축제祝祭

너와 내가 승부를 걸고
남과 북이 한판 대결
온 세계는 축제의 열풍
저마다 TV에 눈을 뗄 수 없다.

7십억 명의 가슴에 새길
감색 의상에 흰 바지가 어울려
2050 시대는 오늘의 자랑
인간의 능력 시험대에 올랐다.

지루한 열대야 이어지는데
선거전 목소리 높아만 가고
인간의 한계는 어디까지일까,
대한의 건아들 꿈 이루시라.

* 2012. 7. 30. 런던 올림픽을 응원하며

아! 님은 가고

꽃향기 사월은 부활의 계절
불러도 그리운 이름이여!

30평생 세속 생활 벗으시고
그림자 밟고 떠난 님이시여!

불러도 대답 없는 님은
아, 님은 하늘나라로 가시고

몰아쉬는 숨소리 산을 넘는데
바람도 구름도 뜨거운 발걸음.

파도

소리 내어 불러 봐도
모래알만 반짝이고
별들이 모여든
바닷가

호랑이 땀방울
자연 호수 푸르고
별들이 잠든 바다
하늘에 파도친다.

빗방울 터지는 소리
가을이 오고
애잔한 매미소리
파도 따라 떠난다.

우리 시, 여름학교
구룡포 등댓불을 밝힌다.

* 2013. 8. 24/25. 우리 시 연합회 구룡포에서.

이상한 소리

깊은 산골 작은 둠벙에서 고요한 숲속 적막을 깬다. 새 우는 소리도 아니고 조리대 조절거리는 소리도 아니다. 따뜻한 봄바람에 바람난 처녀같이 울어대는 소리, 짝을 부르는 저 소리가 애처롭다.

창조의 역사가 시작되는
순간순간
부르짖는 소리
때를 놓칠세라
저렇게 임을 찾는 소리.

양지바른 언덕, 운제산 시루봉 가는 골짝에 연보라 산수유 꽃은 처녀의 웃음이다. 좁쌀만한 진달래 꽃봉오리 빨간 입술, 새 생명 탄생하는 소리에 산천은 축복의 봄을 맞이한다. 영일만에 봄이 온다.

* 2013. 3. 10. 포항 운제산 시루봉 산행을 하며

비 내리는 겨울

위풍당당한 겨울
눈雪물이 빗물 되어
대한大寒추위 물리치고
화단에는 봄 향기 촉촉하다.

즐겨 입던 하얀 옷
침묵으로 덮어 입고
생명 잉태한 매화가지에
파란 꿈 봄빛이 흐른다.

대지 위에 겨울 꽃
하늘의 강물처럼
겨울비 내리던 날
빗방울로 봄노래 적신다.

* 대전문학 2013년 봄호

홍재헌 님 영전에

2013년 5월17일 새벽, 향년 87세로 선종하신 고인의 영전에 삼가 명복을 빕니다. 5월은 성모성월이며, 석가탄신일입니다. 거룩한 소천 부활제 7주간 금요일을 가슴깊이 새깁니다. “사랑할 수밖에 없다”는 고인의 말씀에 성모님의 자비로운 사랑과 석가의 자비가 더욱 풍성함을 느끼며 고인의 영전에 마음을 다하여 장미꽃을 올립니다.

형제님께서는 46년간 교단에 있으면서 40여 년간 신앙생활을 바탕으로 교육자의 발자취를 남겨놓으셨습니다. 수필집 ‘멀고도 먼 길’ 외 5권을 출간하시고 작품 1천여 편을 발표하면서 풍성한 사랑을 실천하여 냉정한 현실생활을 변화시키셨습니다.

특별히 ‘1달러의 깨달음’이란 수필을 발표하여 많은 이들의 심금을 뜨겁게 만드셨습니다. 또한 충남아동 문학회를 대전 아동문학으로 바꾸어 88세 미수를 맞는 송근영 유동삼 시인과 함께 86세 형제님은 수필가로 교육자로 인성교육을 위한 창작 글을 발표하시면서 알차고 화목한 동아리 모임을 즐겨 동심의 텃밭을 가꾸셨습니다. 성가정 성당, 탄방골 주보 나눔터에 교훈적인 말씀을 실어오시다 지난 4월 14일자가 마지막 주보 글이 될 줄을 누가 짐작이나 했겠습니까.

연민의 정 다 나누지 못한 아쉬움에 가슴이 저려옵니다. 대전서부 탄방동 성당 레지오 단원으로서 교육자이며 아동문학가로 수필가로서 천주교 대전교구 사회봉사 위원장 선임을 받아 각 본당 노인대학의 강사로 형제님께서는 전민동 본당 샛별대학에도 방문하시어 "노후생활과 노인건강"에 대하여 강의를 하셨습니다.

나보다 11년이 더 많으신 분이 노익장을 과시하며 스스로 체험하신 건강에 대하여 강의하시던 작가님은 신앙인의 향기로 교훈을 빛내는 형제님의 바라봄에 나도 얼굴을 돌려 대전가톨릭 문학회 회원으로 한 형제로 형제님의 발자취를 따르고 있습니다.

형제님은 밤도 낮도 없는 하늘나라에서, 말씀의 전례도 성체성사도 필요 없는 본향에서, 해와 달과 같이 사는 우리들의 세속을 바라보고 계시겠지요, 이완숙 비비안나 자매님과 성숙한 신앙을 나누며 회개와 보속으로 내세의 마무리를 위하여 오늘도 성체를 모시고 있습니다.

더 많은 기도로, 더 작은 모습으로, 먼저 떠난 형제님 영전에 이 마음을 바칩니다.

* 2013. 7. 17. 대전문학 2013년 61호

추석 명절

넓은 강 노디 건너 갑천 둑에 앉으니
흐르는 강물이 지난 시절 젖게 하네.
초가 처마 밑, 마루에 걸터 앉으면
빈 담뱃대 물고 계신 아버지 떠오른다.

그렇게 애지중지 키우시던 아버지가.
아들, 고무신 한 켤레 사 주지 못하시고
밝은 달 쳐다보고 무슨 생각을 하셨을까,

짚신만 삼아서 신겨 주시던 아버지가
어제는 장에 가서 까만 고무신 사오시고
추석명절 올해는 흰 운동화 사 오셨네.

누님들 뒤따라 달맞이 나갈 때
운동화 닳을까 아까워 손에 들고
노디를 건너다 물에 빠진 고향 시절
오늘도 둥근달은 그 모습을 비출까.

* 2012. 9. 30. 추석날에
* 노디 : 경상도 사투리 '징검 다리' 노다리 방언

제6부

구월을 보내며

아내

그대는 정의의 빛이다.
무의 꼬리를 자르고
손주들 분심忿心도 잘라낸다.

그대는 태양의 빛이다.
고목에도 고운 꽃향기 일고
가지마다 모여든
손주들 마음이 익어간다.

안방에는 기도소리 가득하고
샛별의 맑은 눈빛
그대는 새 세상을 연다.

* 문학사랑 2013년 가을호

함박꽃

— 경산대학교 학위 수여식

배움터 요람,
학위 수여식

팔공산 정기 금호강 물길 따라
동빈강 나루터에 함박꽃 향기 퍼진다.

겨울가지 빗방울 달고
봄이 오는 소리에 추억이 흐른다.

다정하던 속삭임 추억의 노래
오어사 저수지에 가득 채우며
오리 한 마리 한가롭게 노닌다.

그대 빛나는 사각모자
함박꽃 피던 날.

* 2013, 2. 1.
* 함박꽃 = 함채현의 닉네임

옥이

그대는 들꽃
저녁노을 미풍에도 춤을 추는
솔바람 잔잔한 감동 피어나는 들꽃

어떠한들 일어서고
어디서도 살아가는 오뚝이

행운의 8자八字 가슴에 새겨두고
은은한 애증 나누는 팔등신八等身

그대는 망부석, 아무리 보아도
열백 번 불러도 저 멀리 떠난 임,
오지 않아도 달빛 아래 앉아
술잔에 담은 그리움

그대는 달님
밤하늘에 별 하나 따 와서
그대 벽에 걸어놓고
언제나 기다려 주는 이름 옥이

* 2013. 2. 어느 날 밤에

솔향 도서관

솔바람 부는 푸른 뜰
소나무 가지에 봄빛 흐르고
다독하신 모니카 열강
문하생 가슴에 솔향기 쌓인다.

"뜰은 달빛에 젖어"
윤오영 의 '달밤'은
고요한 밤 별빛이 되어
내 마음에도 쌓인다.

동빈교 건너온 사마리아 여인
샛별이 모인 곳
바람 따라 방청객
솔향 문하생 되어 춤춘다.

* 2013. 2. 21. 목요 강의

느낌

향군 산악회원이
성주산 등산로를 걸으니
휴양림을 닮아간다.

천북 굴 굽던 샘 사이로
우리는 우정을 엮었고
함께 나누던 술잔 속에서
향수를 느꼈다.

지난 해 첫 산행도
먹걸리와 함께 천북으로
바다내음에 취해
바다를 닮아갔다.

쌓인 눈 녹아
봄 처녀 기다리는 침묵 속에
휴양림 추억을 담았다

* 2013. 2. 산행에서

태백산 길

영롱한 아침이슬 촉촉이 내린 길, 울창한 나무, 이끼 낀 숲속을 걷는다. 아침 해 뜨기 전 서둘러 왔는데, 고요한 산골짝 물소리가 요란하다.

물길 따라 산길 걷는 시원한 마음, 오르고 또 오르니 칠십 성상 넘었네. 하늘에 구름 뜨니 구름은 산을 안고 영산의 정기 고인 용정 물을 마시라네,

어머니 아버지 앞서가는 둘째 아들, 지난날 추억 찾아 발걸음이 빨라진다. 평화의 길 걸을 때 긴 숨 내 뱉고, 깔닥 고개 넘을 때 숨소리 빨라진다.

1.560m 천제단 정상, 잼마가 명명한 "천국의 계단" 무지개 맞닿는 하늘 끝까지 이름 모른 들꽃도 곱게 피어 반긴다.

* 2012. 9. 1/2. 태백산 산행

용정龍井

천지天地의 정기를 잉태한 생명수
동해에 솟는 태양의 빛 간직한
하늘과 땅이 맞닿은 곳

낙동강을 올라와 자재문을 거쳐, 용정에 이르러 용이 된 이곳, 풍요와 다산 출세의 전설이 머문다. 단종이 영월에 유배되어 승하하여 산신령이 되었다는 비각이 이곳을 지킨다. 용정에 내린 달빛 함께하는 곳, 한배검 제단에 정화수 올리고 민족의 정성이 끊이질 않는다.

생명의 젖줄 태백산 용정 물
민족의 핏줄 되어
오늘도 쉼 없이 솟아 흐른다.

* 2013, 5. 12. 세 번째 태백산 산행

구월을 보내며

아직도 햇살은 뜨거워 이마에 땀방울 맺히게 한다. 산행 길, 발걸음을 무겁게 한다. 어제 걷던 이길, 오늘은 가슴이 차오른다, 애처로운 매미 소리, 어제는 노래 소리였는데 오늘은 울음소리로 들린다. "일장춘몽" 내 모습, 매미우는 소리에 슬퍼진다. 오곡이 결실하는 들판에는 마지막 햇살이 보시하는데 힘겹게 오른 정상, 나와의 싸움, 승리의 성취감, 추억에 밑줄을 긋는다.

매미는 죽어 허물을 남기는데
난, 구절초 바라보며
시 한 귀절을 남긴다.

* 2012. 9.

순례길 예찬

여보게 친구여, 가을비도 내리는데 술 한잔하세, 순례 길로 갈래? 술래 길로 올래? 순례 길은 성지를 찾는 순교자의 길, 술래 길은 주酒님을 찾는 고향의 맛 곰삭는 나그네길.

동래산성막걸리, 밀양클래식막걸리, 양산송이버섯, 금산인삼막걸리, 오미자, 산수유, 블루베리 막걸리, 올레길 술집, 술맛 따라 천리를 간다. 빛깔도 향기도 맛이 다른 막걸리, 돌담 가을대추는 붉게 익어가고 술래길 깊어가는 향수를 마신다.

홍조 띤 여인의 눈빛 낙조 이루고, 기풍 당당한 사나이의 춤사위, 소녀스런 캔디의 가을 노래, 함박꽃 여인 웃음꽃 피는데 주酒님을 찾아 온 글맛 보푸라기 꽃,

* 2013. 9. 10. 포항 '전국 유명막걸리 전문점'에서

어느 소나무

백암산 석벽을 오르다
문득 발길을 멈추었다.

빽빽이 들어선 소나무, 키 재기나 하듯 하늘높이 솟았는데 가지 많은 홍송紅松이 눈길을 끈다. 어렵게 살았던 시골 누님, 유독 자녀를 많이 두었다. 밥만 먹으면 들에 나가 일하기 바빴고, 자식 낳아 키우느라 평생을 바쳤다. 콩밭 매고 들어와서 애 하나 낳고, 물 길어오다 돌아서서 또 하나 낳고, 바쁘고 바빠서 쌍둥이까지 낳으니 가지 많은 나무에 바람 잘 날 없었다.

연필 한 타스,
제각기 한 자루씩이다.

* 2013. 9. 15. 백암산 6시간 산행 종주

도덕정道德亭 비경

천하의 절경
운일암과 반일암 계곡
전북 진안의 자랑
운장 복종암 언덕에 자리 잡은 도덕정

반나절 흰 구름 조화를 이루고
중추에 솟은 해는 구름과 바람 따라
수정 같은 물줄기
굽이굽이 흐르는 주자천 계곡
기암괴석의 비경
운일암 무지개다리 출렁인다.

호남의 명산
금강의 발류 따라
백제의 문화가 꽃 피던 곳
풍류를 즐기는 문인들
그 풍악소리 물소리에 흐르고
사색만 고요히 도덕정에 남았네.

* 2013. 10. 1. 전북 진안군 주천면의 정자에서

오각정五角亭

금강에 흐르는 물
대청호에 머물고
봉황이 노닐던 자리에
무궁화 꽃 피었네.

조경수 모습 따라
자연은 춤추고
청남대靑南臺의 잠든 역사
국향菊香으로 피어나네.

곳곳에 꽃이 피고
가지마다 낙엽 지는
오각정 전망대가
남쪽에 청와대靑瓦臺.

민초들 나들이에
가을은 깊어가고
한적한 호반의 길
에덴의 동산.

* 2 013. 10. 23. 전민본당 샛별대 120명 소풍
* 청남대(靑南臺) : 역대 대통령 별장
* 청남대, 五角亭 : 충북 청원군 문의면 신대리 산 646 소재

제7부

청마(青馬)의 해

청마青馬의 해

샛별이 지기 전에
내 멍에를 벗기고
청마는 달린다.

겸손하지 못했던 일
욕심에 억매었던 일
지난날
내 멍에를 벗고
청마와 함께 달린다.

황폐한 광야에
꽃씨를 뿌리고
청마를 타고 달린다

* 청마 : 십간(十干)의 하나인 甲은 푸른색. 십이지(十二支)의 하나인 '오'는 말(馬)을 뜻함. 2014년은 갑오년, 청마의 해
* 열린 포항 2014년 1월호

스승

내가 산을 좋아하는 것은 맑은 공기 맑은 물이 흐르는 경치만은 아닙니다. 내가 산은 좋아하는 이유는 온갖 새들과 산천의 초목들이 자연의 이치대로 순응하고 살아가기 때문입니다. 내가 산을 따르는 것은 높은 언덕 깊은 계곡마다 나뭇가지가 있고, 어머니가 쓰시던 사랑의 매가 있기 때문입니다. 내가 즐겨 산행을 하는 것은 인내를 기르고 침묵을 배우고 정상을 종주하는 자신감을 키우기 위함입니다.

산은 나의 길잡이,
나의 삶 앞에
매가 있기 때문입니다
산은 나의 스승입니다.

* 2013. 12. 31. 계사년 마지막 날에

탄생誕生

예수의 탄생으로 역사가 시작된 날, 모든 피조물 안에서 육화된 그리스도를 보았습니다. 베들레헴 마구간에서, 작은 마을 그레치오에서, 전민동 성당 구유에서 놀라운 신비를 보았습니다.

베들레헴 마구간에서 마리아가 아기예수를 품에 안고 젖을 물리듯, 프란치스코가 그레치오에서 짚북데기 가득 찬 말 밥통 앞에서 소와 당나귀가 지켜보는 가운데서 낭랑한 목소리로 복음과 설교가 퍼질 때 온갖 숲과 초목들이 성탄의 기쁨에 동참했듯이 2천년 전에 탄생한 아기예수가 전민동 성당 구유에 숨 쉬는 아기예수의 모습으로 등장했습니다.

예수 그리스도는 세상을 구원하셨고, 성프란치스코는 피조물에 대한 형제애로 새들에게 설교하였고 사나운 늑대를 온순하게 하셨습니다. 숨 쉬는 아기예수의 모습으로 전민동 본당 구유에 누어계신 구세주께 경배하며, 육화된 어린아이의 탄생으로 하느님의 크신 사랑에 행복합니다.

* 2013. 12. 25. 성탄절에

기다림

장밋빛 설렘과 기다림
대림절 촛불이 타고 있다.

하얀 눈 내려
세상은 침묵하는데
누구는 성탄을 기다리고
누구는 새날 밝기를 기다린다.

기다림과 설렘 가득한
나는 오늘
고속 터미널에서
그대 돌아오길 기다린다.

* 2013. 12. 20. 매주 금요일 포항에서

부석사浮石寺

천년고찰
부석사 가는 길
황금빛 은행잎이
카펫을 깔았다.

무량수전 배흘림 목조 기둥
의상대사 지팡이 선비화禪扉花 피어나고
조사당 벽화는 천년 역사 전한다.

화엄종 수사찰華嚴宗 首寺刹
전설을 되새기고
진리를 깨닿는
종소리 들린다.

* 2013. 11. 24.
* 배흘림 : 아래 위보다 중간이 배가 부른 기둥
* 선비화 : 의상대사가 중국에서 가져와 지팡이로 쓰다가 꽂아 놓은 것이 자라난 꽃
* 의상대사 : 신라고승 676년 부석사를 세움. 고려 숙종 때 국사 추증. 해인사, 범어사, 갑사 등 10대 사찰이 있다.

마봉루馬烽褸

구룡포 말 돌문을 지나
호미곶 말목장성 마봉루에 오르니
청마의 말굽소리 산성에 쌓여 있네.

조선시대 병마를 양육하던 관찰사
봉수대 빈터에 소나무만 심었는지
조량 말은 어디가고 산행인만 찾는다.

돌 울타리에 묻힌 어촌민의 애환이
동해의 파도소리 긴 역사 속삭이고
청마가 달리던 길에 나의 발자취 남기네.

* 2014. 1. 5.
* 마봉루 : 포항시 구룡포 호미곶 언덕 팔각정
* 말목장성 : 增補文獻 備考 기록 참조

차이差異

소치 동계 올림픽 여왕
피겨스케이팅의 열광 속에
노오란 나비 은빛 무대에서 춤을 춘다

행복했던 밤 뜨거운 가슴으로
밤새워 TV에서 눈을 떼지 못하고
부엉이 눈으로 밤잠을 설쳤다

아델리나 소트니코바가 224.59점
세계의 여왕 김연아는 219.11 점수로
피겨여왕 2연패의 좌절 판정을 내렸다

천지 차이를 만들어낸 1등과 2등
양심의 차이는 찾아 내지 못하고
천분의 1초만 가려내는 소치 올림픽

금보다 은메달의 별자리
1등보다 왕관에 새겨진 보석들
여왕 김연아는 영원히 빛나는 별이다.

* 2014. 2. 21

크메르 제국의 후예

캄캄한 밤
역사 속에서 깨어난 천년의 신비
캄보디아 씨엠립 앙코르 문화의 유적지
왕들은 잠들고 신들이 깨어있는 곳,
야자수 나무가 하늘을 찌른다.

별빛 반짝이는 나라
톤레삽 호수 진흙물 먹고사는 나라
4모작으로 등 따시고 배부른 민족
바쁜 것 없는 평온한 얼굴
넓은 들판에 소들이 한가롭다.

수르야바르만 2세의 꿈
크메르역사의 전성기를 이룬
찬란한 앙코르 와트,
천년의 세월 숲속에 잠들어 지금은
어린아이들 1달러에 목이 메인다.
시계바늘을 6,70년 뒤로 돌려
내 어린 시절 모습이 떠오른다.

태양은 프놈켕 사원으로 일몰하고
앙코르 왕조의 후예들은 왕관을 벗고
오늘도 툭툭이 타고 거리를 달린다

* 2014.1.30~2.3일 캄보디아 여행에서
* 앙코르와트 : 크메르어로 도성의 왕성을 의미하며, 와트는 사원을 말함.
* 톤레삽 호수 : 북서쪽 태국과 라오스 베트남 국경을 이룬 큰 호수
* 수르야바르만 2세 : 12세기 초 크메르제국의 번성기 때 왕조를 위한 앙코르사원을 건설한 왕
* 툭툭이 : 오토바이를 개조하여 손님을 실어 나르는 교통수단

결혼 50주년

멀고도 긴 세월
당신이 있어 행복했습니다.
있어야 할 그 자리에
있어준 당신
당신이 있어 행복했습니다.

오늘 희수를 맞이하여
금혼의 월계관을 당신께 드립니다.
오늘따라 별들이 더욱 반짝입니다.

일편단심 하늘만 보고 살아온 당신
손발이 너무 거칠어졌습니다.
비가 오면 우산이 되어 주고
글을 쓰려면 붓이 되어 준 당신,
당신이 있기에 행복합니다.
당신은 나의 전부입니다.

당신은 나의 등대
나의 생의 길잡이, 생명의 은인
협착증 폐암수술을 지켜준 당신
태백산 소백산 설악산 정상에

당신 손을 잡고 종주했던 기백은
오직 사랑의 힘입니다.

서산의 낙조 바라보며
우리의 본향으로 돌아갈 때까지
남은 여정 후회 없이 사랑할
나의 몫만 남았습니다.

* 2014년 갑오년, 청마의 해 첫날

‖ 작품해설 ‖

희수(喜壽)와 금혼(金婚)의 서정적 지평

— 김영우 2시집의 작품 세계

문학평론가 리 헌 석
(사) 문학사랑협의회 이사장

1. 김영우 시인의 시심

고희(古稀)를 지나 등단(2009)한 후, 수필집 『아내의 십자수』(2011)를 발간하고, 이어 첫 시집 『길 따라 물길을 따라』(2112)를 발간한 김영우 시인이 희수(喜壽)를 맞습니다. 77세가 되는 2014년은 결혼 50주년이기도 하여 시인에게는 특별한 의미를 띠게 되고, 이를 기념하여 2시집 『갈맷길을 걸으며』를 발간합니다. 이 시집에는 동반자에 대한 지극한 사랑, 섭리로 이끄시는 분에 대한 신앙의 깊이, 그리고 자연과 세상에 대한 긍정적 시각을 담아내고 있습니다.

> 젬마와 손잡고 태백산 정상, 천제단 앞에 서서 하느님께 감사기도 올리는 오늘은 76주년 나의 생일입니다.
>
> 깊어가는 가을, 붉게 물드는 단풍같이 한 잎 낙엽이 되어 흙으로 돌아가는 날까지 회개와 보속으로 용서를 빌며 태백산 용

정 샘에 오욕을 씻습니다.

지난해는 척추 수술, 올해는 폐암 대수술, 그러나 나의 끝자락은 저주가 아니라. 하느님의 축복임을 알았습니다.

촛불 하나 켜놓고 두 손을 모읍니다. 어머님 고맙습니다. 아버지 감사합니다. 이렇게 건강하게 낳아주시어 태백산 장군봉(1576m) 정상을 종주하게 하시다니요.

—「천제단 앞에서」 전문

김영우 시인의 근황을 극명하게 보여주는 작품입니다. 그는 아내 젬마와 함께 태백산에 올라 천제단 앞에서 하느님에게 감사 기도를 드립니다. 2012년에는 척추 수술을 받고, 2013년에는 폐암으로 한쪽 폐 절제 수술을 받습니다. 생의 희로애락(喜怒哀樂)을 수없이 겪은 희수(喜壽)의 시인이지만, 최근의 상황은 견디기 힘든 나날들이었으리라 유추할 수 있습니다. 그런 가운데에서도 시인은 태백산 장군봉을 종주하였고, 그리하여 건강한 신체를 주신 어머니 아버지에게 〈촛불을 켜놓고 두 손〉을 모아 감사드립니다.

이런 마음으로 그는 〈흙으로 돌아가는 날까지 회개와 보속으로 용서를 빌며 태백산 용정 샘〉에 삶의 오욕칠정을 씻어내고 있습니다. 이처럼 정결한 내면의 반향은 긍정적 시심과 순명적(順命的) 신앙의 바탕을 이룹니다.

2. 사랑으로 부르는 노래

사업가로 성공가도를 달리던 중장년기의 시인은 의욕이 넘쳤을 터입니다. 사업이 성공하여 확장될수록 그의 삶은 더욱 바빠졌을 것이매, 자신을 돌아볼 기회를 갖기 힘들었을 것입니다. 그러나 사업에서 물러나 고요한 경지에서 자신을 돌아보게 되고, 이때부터 자신에 대한 삶의 의미를 반추하게 됩니다. 욕심을 내어 채우던 삶에서, 조금씩 비우며 사는 자세를 익힙니다. 욕심을 비워감에 따라 보이지 않던 작은 세상이 보이기 시작합니다. 그 가운데에 오롯하게 남아 있던 가족 사랑도 뚜렷하게 보입니다.

김영우 시인은 평소에도 부부 금슬이 좋았던 터였지만, 금혼을 맞아 더욱 감사한 마음이 됩니다. 서로 사랑하며 행복한 가정을 이루어 왔고, 그 바탕에 생성(生成)된 존경심이 아름답습니다.

멀고도 긴 세월
당신이 있어 행복했습니다.
있어야 할 그 자리에
있어준 당신
당신이 있어 행복했습니다.

오늘 희수를 맞이하여
금혼의 월계관을 당신께 드립니다.
오늘따라 별들이 더욱 반짝입니다.

일편단심 하늘만 보고 살아온 당신
손발이 너무 거칠어졌습니다.
비가 오면 우산이 되어 주고
글을 쓰려면 붓이 되어 준 당신,
당신이 있기에 행복합니다.
당신은 나의 전부입니다.

—「결혼 50주년」 일부

50년간 동고동락(同苦同樂)한 시인은 아내에 대한 극진한 찬사로 사랑과 존경을 표합니다. 〈당신은 나의 등대〉 〈나의 생의 길잡이〉 〈생명의 은인〉이라는 찬사에는 그럴 만한 까닭이 있습니다. 시인이 협착증 폐암수술을 받을 때, 곁에서 손을 잡고 지켜준 아내의 사랑을 잊을 수 없습니다. 대수술을 한 후에도 태백산 소백산 설악산 정상을 종주할 수 있었던 것도 아내가 이끌어 준 사랑의 힘입니다. 그리하여 시인은 〈서산의 낙조를 바라보며/ 우리의 본향으로 돌아갈 때까지/ 남은 여정 후회 없이 사랑할/ 나의 몫〉만 남았다고 고백합니다.

이러한 사랑은 「아내」에서 현실성을 띱니다. 〈그대는 정의의 빛〉이어서 무의 꼬리를 자르듯 〈우리들 분심(忿心)〉도 해결합니다. 성을 내거나 분한 마음을 품고 있는 가족들을 다독여 행복한 가정을 이룹니다. 〈그대는 태양의 빛〉이어서 고목(시인 자신)에도 꽃을 피우게 하고, 고목의 가지라 할 수 있는 손주들도 훌륭하게 양육합니다. 그리하여 가정에는 기도소리가 가득하고, 가족들의 건강한 눈빛을 통하여 새로운 세상을 열게 합니다.

침묵으로 말하고
향기로 말씀을 전하는
당신은 구원의 꽃입니다.

끝없이 사랑하고
끝없이 응답하는 신비로움
오관으로 느끼고
온 몸으로 감탄하는
당신은 천사의 웃음입니다.

사철 따라 고운 옷 입고
행복의 길로 인도하는
나의 동반자
꽃 중의 꽃
당신이 참으로 아름답습니다.

—「꽃 중의 꽃」 전문

이 시는 특정한 꽃에 대한 종교적 찬사입니다. 그러나 보조관념으로 도입된 〈꽃 중의 꽃〉이 상징하는 원관념은 다양성을 갖습니다. 은유와 상징에 의해 여러 갈래로 정의할 수 있지만, 대표적 원관념은 아내로 보입니다. 생활 속에서 참기 힘든 일도 많았을 터이고, 그럴 때에는 침묵을 지켜 가정의 평화를 지키는 역할을 다하기 때문입니다. 때로는 침묵을 깨고, 구원의 말씀을 전하는 신앙인이기 때문입니다. 이런 점에서 그의 아내는 신앙의 메신저로 기능합니다.

이렇듯이 구체적 가정생활에서 돌보아 준 아내는 신앙 차원의 동반자이면서 가장 소중한 사람입니다. 시인은 이런 깨달음으로 지극한 사랑을 절실하게 노래합니다.

3. 신체적 고통을 이기고

김영우 시인은 원천적으로 생활과 신앙에서 긍정적 내면을 반영하여 왔습니다. 그러다가 76세 되던 해에 폐암이 발발하여 한쪽 폐를 떼어내는 대수술을 받습니다. 이는 누구나 겪어야 할 '생로병사(生老病死)'의 과정이지만, 이와 같은 질환은 자칫 시인을 절망에 빠뜨릴 수 있는 요인으로 작용될 수도 있습니다. 그러나 가톨릭 신앙이 독실

한 김영우 시인이어서 명쾌하게 극복하고, 긍정적 시심을 작품화하는데 성공합니다.

> 폐 한쪽을 떼 냈다.
> 누구도 거역할 수 없는
> 당신의 명령은 어쩔 수 없다.
>
> 겸손하지 못한 나의 열정이
> 독선이 되고
> 욕심으로 남아
> 희수(喜壽)를 넘긴 지금도
> 앞서길 좋아했지만
> 마냥 달리긴 숨이 차다.
>
> 이제는 나의 한계,
> 비록 한쪽 허파로 살아갈지라도
> 저 푸른 하늘을 향하여
> 힘차게 비상하고 싶다.
>
> ―「병상에서」 전문

그는 2013년에 겪은 일을 사실적으로 증언합니다. 폭발할 수 있는 감정을 자제하고, 담담하게 진술할 수 있는 것은 자신의 운명을 순순히 수용하겠다는 자세입니다. 이는 시인이 보일 수 있는 신앙적 순명(順命)이라 할 수 있습니다. 자신을 세상에 보낸 분이 하느님이기 때문에, 자신을 송두리째 거두어 가더라도 감수해야 할 터입니다. 그러나 그 분이 폐 한쪽만을 거두어 간 것은 참으로 감사한 일이어서 기꺼이 수용해야 한다는 인식입니다.

자신에게 닥친 고통은 〈누구도 거역할 수 없는/ 당신의 명령〉입니다. 그러나 몸은 쇠약해져서 전처럼 달리는 데는 숨이 찹니다. 이런 상황에서도 시인은 〈푸른 하늘을 향하여/ 힘차게 비상하고 싶다.〉는 강한 의지를 보입니다. 이 의지는 일차적으로 신체적인 단련을 통한 건강 회복인 것 같습니다. 배우자와 함께 여러 산을 오르내리는 것이라든지, 자녀들과 함께 자연을 찾아 심신을 수련하는 것이 그러합니다. 이차적으로 시 창작을 통한 예술성 발현으로 보입니다. 젊은 사람들도 따를 수 없을 정도로 다작하는 동시에, 내면을 오롯하게 반영하는 작품을 빚어내는 것이 그러합니다.

태고로 이어온 정기 설악산 바위
장엄한 대청봉 정상에 올라서니
구름은 방석을 깔고
막걸리 한잔에 다람쥐가 모인다.

운무에 가린 동해며
중청봉, 중청대피소, 큰청
천불계곡, 화채봉, 공룡능선,
울산바위가 내 가슴에 안긴다.

감히 엄두도 못내는 대청봉
칠순 넘은 젬마와
5십대 아들 앞세우고
산행 아홉 시간 종주 기록을 남긴다.

낙엽 떨어져 살얼음 겨울 준비에
설악폭포 낙수소리 멀어져갈 때
설악산 대청봉에 도장을 찍고

이별이 아쉬워 흰 머리 날린다.

—「대청봉에 올라」 일부

대수술을 한 그해, 76주년 생일 기념으로 설악산 대청봉까지 등반하고 기록한 인간승리의 증언입니다. 그는 30여 년 전에 올랐던 코스를 따라, 오색 약수터에서 돌계단을 통하여 대청봉에 이른 다음, 울산바위를 지나 설악동으로 하산합니다. 9시간에 걸친 이 코스를 70대의 아내와 50대의 아들을 대동하고 종주하였다는 것은 놀라운 쾌거입니다. 한쪽의 폐를 절제한 그였기 때문에, 남은 한쪽 폐로 완주하였다는 것은 참으로 경탄할 일입니다.

이는 아내의 사랑과 아들의 효심이 이루어낸 기적이라 하겠습니다. 이런 사랑으로 그는 신체적 고통을 극복할 수 있었을 터이고, 이로 인해 형성된 강인한 정신력으로 이룬 삶의 금자탑이라 하겠습니다.

4. 신앙으로 거듭나면서

삶에 대한 달관적 자세를 견지하고 있는 시인이지만, 그에게 닥친 상황은 때로 인생의 허무(虛無)를 묵상하게 합니다. 그렇지만 그 허무에 침잠되지 않고, 가족의 사랑과 신앙에 의하여 극복합니다. 삶은 특정한 양상으로 일관할 것 같지만, 돌아보면 기쁨(喜)과 함께 성냄(怒)도 존재하며, 슬픔(哀)과 함께 또 다른 즐거움(樂) 역시 존재하는 것입니다. 이와 같은 삶의 희로애락(喜怒哀樂)으로 인해 인생은 살아갈 의미와 힘을 얻습니다. 김영우 시인이 삶의 허무를 노래한 작품과 신앙으로 극복한 작품은 그의 내면에 중층 구조를 이루고 있습니다.

눈이 내린다,
한 잎 남은 가지에 눈이 쌓인다.

무거운 빗물
눈물 되어 살포시 흐른다,

기산하畿山河 언덕에도
저물어가는 세월
허무한 노래 부르면서
이별을 고하는 눈이 내린다.

흘러간 옛 얘기를 남기고
수다스런 까치소리가 멀어지는데
한 장 남은 달력에
눈만 쌓인다.

—「허무(虛無)」 전문

한 잎 남은 나뭇가지에 눈이 내려 쌓이는 상황에서 시인은 〈무거운 빗물〉을 연상합니다. 그 빗물은 눈물의 보조관념일 것이며, 이 눈물은 〈저물어가는 세월〉과 함께 허무의식을 생성하고, 이는 다시 이별의 슬픔을 담아냅니다. 한 잎 남은 가지, 한 장 남은 달력은 둘 다 시인의 애상적 정서를 유발하는 중심 제재입니다. 어쩌면 이 상황은 매년 맞게 되는 12월의 겨울 풍경일 수도 있습니다. 그러나, 어린 시절부터 가슴에 남아 있던 〈옛 얘기〉를 남기고 반가운 소식을 가져올 수 있는 〈까치소리〉마저 멀어져 간 상황은 시인의 정서적 절망과 닿아 있습니다.

겨울은 봄이 있기 때문에 마냥 슬픈 것만은 아닙니다. 겨울에는 모든 생물이 얼어 죽은 것 같지만, 얼음과 눈 속에서 새 생명이 눈을 트고 봄을 맞아 아름다운 꽃을 피웁니다. 이와 같은 계절의 순환은 인생의 춘하추동(春夏秋冬)과도 연계되어 변화를 꾀합니다. 사람의 한 평생을 돌아보면, 크고 작은 시련을 극복하면서 성장함을 알 수 있습니다. 때로는 질병으로 고생하지만, 그 시련을 이겨내고 건강을 되찾기도 합니다. 특히 내면의 허무는 자신의 자유의지로 극복하기도 하고, 신앙의 신비에 의하여 말끔하게 거듭나기도 합니다.

꽃향기 사월은 부활의 계절
불러도 그리운 이름이여!

30평생 세속 생활 벗으시고
그림자 밟고 떠난 님이시여!

불러도 대답 없는 님은
아, 님은 하늘나라로 가시고

몰아쉬는 숨소리 산을 넘는데
바람도 구름도 뜨거운 발걸음.

—「아! 님은 가고」 전문

기독교인들은 부활한 예수 그리스도를 추모하기 위해 부활절을 경건하게 지킵니다. 이 기간에 신자들은 예수 그리스도의 수난을 묵상하기도 하고, 때로는 그 분의 고통에 동참하기 위하여 몸소 체험하기도 하며, 많은 사람들이 스스로 금식기간을 정하여 행하기도 합니다. 이처럼 고통을 나누는 일에 동참하는 것도 중요하지만, 부활절의 가장 큰 의의는 예수님의 십자가 고통을 통하여 자신도 부활할 수 있다는 신념, 그리하여 언젠가는 하늘나라에 올라 그 분과 만날 수 있다는 신앙인 것 같습니다.

시인은 꽃향기 짙은 부활의 계절에 그 분처럼 〈뜨거운 발걸음〉을 옮기고자 합니다. 이런 실천의지와 부활에 대한 소망은 그의 내면에 '뜨거운 은사(恩赦)'로 작동합니다. 그리하여 현실의 아픔을 감내하고, 신앙의 신비를 온전하게 수용합니다.

5. 시 형식의 다변화

등단하고 첫 시집을 발간할 때까지 발표한 작품을 보면, 김영우 시인의 시는 주로 3,4조나 4,4조 형태의 가사나 신체시 형식을 취하고 있습니다. 그 후 첫 시집을 발간하면서 시 형식을 다양하게 변화시킵니다. 간결한 시, 이야기 형식의 산문시, 간결한 행과 산문시의 복합형식 등 현대시의 다양한 표현 양식으로 주제를 담아냅니다. 특히 전통 시 형식과 산문 시 형식의 복합적 양상은 최근에 유행하고 있는 대중가요처럼 최첨단의 산물이기도 합니다.

일부 K-POP 스타들은 노래로 된 가사와 중얼거림(랩)으로 된 가사의 혼용으로 음악의 효과를 꾀합니다. 이와 같은 경우를 시에 접목시킨 양상이 바로 복합 형태입니다. 간결하고 깔끔하게 낭송해야 할 부분은 시 형식을 취하고, 긴 호흡으로 읊어지는 사설은 산문 형식을 취합니다. 김영우 시인은 고희를 넘겨 시 창작에 나선 만학도면서도, 최신의 다양한 문학 양식을 원용하여 작품을 빚어내는 젊은 시인이라 하겠습니다.

깊은 산골 작은 둠벙에서 고요한 숲속 적막을 깬다. 새 우는 소리도 아니고 조리대 조잘거리는 소리도 아니다. 따뜻한 봄바람에 바람난 처녀같이 울어대는 소리, 짝을 부르는 저 소리가 애처롭다.

창조의 역사가 시작되는
순간순간
부르짖는 소리
때를 놓칠세라
저렇게 임을 찾는 소리.

양지바른 언덕, 운제산 시루봉 가는 골짝에 연보라 산수유 꽃은 처녀의 웃음이다. 좁쌀만한 진달래 꽃봉오리 빨간 입술, 새 생명 탄생하는 소리에 산천은 축복의 봄을 맞이한다. 영일만에 봄이 온다.

—「이상한 소리」 전문

경상북도 포항시 운제산에 있는 시루봉을 산행할 때 지은 작품입니다. 그 대상은 둠벙이나 개울, 또는 무논에서 짝을 찾아 울어대는 개구리 울음소리일 터입니다. 그런 상황을 이와 같은 복합 형식에 담아내어 새로운 형상화를 개척하고 있습니다. 이는 곧 시인의 창작 수준과 직결되게 마련입니다. 특정한 제재를 늘 같은 형식으로 표현하여 밋밋한 정서를 환기하는 것보다, 새로운 변화를 추구하는 자세가 아름답습니다. 이런 의식으로 창작한 김영우 시인의 작품에서 독자들은 생동하는 울림을 체험하게 됩니다.

김영우 시인의 2시집 작품을 감상하며 그의 열정을 만납니다. 산바람소리처럼 속삭이는 선선한 기운이기도 합니다. 때로는 연잎에 떨어지는 싱싱한 빗소리이기도 합니다. 그러다가 바닷물을 밀어내며 올라오는 파도의 포말(泡沫)처럼 치열한 시 정신에 휩싸이기도 합니다. 그 중에서도 따뜻한 시선으로 어둔 세상을 밝히려는 시심을 만나 가슴이 먹먹하기도 합니다. 그의 시를 독서하는 내내 가슴 벅찬 감동으로 행복하였습니다.

갈맷길을 걸으며

김영우 시집

발 행 일 | 2014년 4월 10일
지 은 이 | 김영우
발 행 인 | 李憲錫
발 행 처 | 오늘의문학사
출판등록 | 제55호(1993년 6월 23일)

주　　소 | 대전광역시 동구 대전로 867번길 52 (한밭오피스텔 401호)
전화번호 | (042)624-2980
팩시밀리 | (042)628-2983
홈페이지 | http://www.lito77.co.kr(홈페이지)
전자우편 | hs2980@hanmail.net

공 급 처 | 한국출판협동조합
주문전화 | (070)7119-1741~2
팩시밀리 | (031)944-8234~6

ISBN 978-89-5669-608-9
값 10,000원

* 이 책은 전자책(교보문고)으로도 제작되었습니다.